**Bibliografische Information der Deutschen Nationalbibliothek:**

Die Deutsche Bibliothek verzeichnet diese Publikation in der Deutschen National-
bibliografie; detaillierte bibliografische Daten sind im Internet über http://dnb.d-
nb.de/ abrufbar.

**Impressum:**

Copyright © 2015 GRIN Verlag, Open Publishing GmbH
Druck und Bindung: Books on Demand GmbH, Norderstedt Germany
ISBN: 978-3-668-03678-9

**Dieses Buch bei GRIN:**

http://www.grin.com/de/e-book/305725/die-beziehung-zwischen-gregor-und-seiner-
schwester-in-die-verwandlung

Merle Lotter

# Die Beziehung zwischen Gregor und seiner Schwester in "Die Verwandlung" im Vergleich zu Franz Kafkas Verhältnis zu seiner Schwester

GRIN Verlag

Europaschule Köln / Gesamtschule Zollstock

Schuljahr 2014/2015

LK Deutsch Q 1.2

**Franz Kafka, Die Verwandlung –**

**Die Beziehung zwischen Gregor Samsa und seiner Schwester Grete im Vergleich zu Franz Kafkas Verhältnis zu seiner Schwester Ottla**

Facharbeit

von

*Merle Lotter*

Köln

Januar/Februar 2015

# Inhalt

# 1. Einleitung

„Als Gregor Samsa eines Morgens aus unruhigen Träumen erwachte, fand er sich in seinem Bett zu einem ungeheuren Ungeziefer verwandelt."[1]

So beginnt Franz Kafkas Erzählung „Die Verwandlung", die im Jahr 1912 erstmals veröffentlicht wurde. Gregor Samsa, ein fleißiger und rücksichtsvoller junger Mann, der jeden Tag für das Wohlergehen seiner Eltern und der Schwester gearbeitet hatte, entdeckt beim Aufwachen, dass er sich in einen riesigen Käfer verwandelt hat. Vom geschätzten Sohn und Bruder wird er zu einem unerwünschten Parasiten, dem mit Ablehnung und Gewalt begegnet wird. Als die Familie zu der Ansicht kommt, dass sie eine Last wie Gregor nicht mehr tragen kann, ist Gregor bereits so schwach, isoliert und kränklich, dass er schließlich vertrocknet.

Im Rahmen dieser Facharbeit habe ich mich dazu entschlossen, mich gesondert mit der Beziehung zwischen Gregor Samsa und seiner jüngeren Schwester Grete Samsa auseinanderzusetzen, die anfangs  nach Gregors Verwandlung seine einzige Bezugsperson darstellt, um zum Schluss zu seiner größten Bedrohung[2] zu werden.

Um diese Thematik zu erläutern, stelle ich zuerst die beiden Figuren vor, um daraufhin den Beziehungswandel zwischen Gregor und Grete im Laufe der Erzählung herauszuarbeiten. Im zweiten Teil dieser Arbeit stelle ich die Verbindung zwischen Franz Kafkas Leben und seinem Werk her und erkläre, inwiefern sich das Verhältnis der Figuren Gregor und Grete auf die Beziehung von Franz Kafka zu seiner Schwester Ottilie Kafka, genannt Ottla, übertragen lässt.

Dabei beziehe ich mich insbesondere auf Wolf Dieter Hellberg, Nico Dietrich und Reiner Stach, die sich unter anderem mit der Beziehung der Geschwister beschäftigt haben.

Motivation für die Wahl meines Themas ist mein persönliches Interesse an den Werken Kafkas und seiner Biographie. Verschiedene persönliche Aufzeichnungen Kafkas lassen darauf schließen, dass er in seinen Werken eigene Lebenserfahrungen verarbeitet hat. Auch viele Aspekte aus „Die Verwandlung" lassen sich auf Franz Kafkas Biographie übertragen. Dies macht die Kurzgeschichte zu keiner leichten Lektüre, doch gerade das macht für mich die Faszination dieses Werkes aus.

„Ich glaube, man sollte überhaupt nur noch solche Bücher lesen, die einen beißen und stechen."[3] - Franz Kafka, 1904

---

[1] Kafka 2005, 5
[2] Vgl. Fingerhut 2003
[3] http://de.wikiquote.org/wiki/Franz_Kafka (Letzter Zugriff: 15.02.2015)

## 2. Die Beziehung der Geschwister Gregor und Grete

### 2.1 Die Geschwister vor der Verwandlung

Die Geschwister Grete und Gregor Samsa wohnen gemeinsam mit den Eltern als eine kleine, bürgerliche Familie unter einem Dach.

Aus den Rückblicken Gregors geht hervor, dass die Geschwister in Hinblick auf ihre Tätigkeiten, den Charakter und ihre Handlungen unterschiedlicher nicht hätten sein können.

Gregor ist ein zurückhaltender und recht einsamer Mann zwischen 20 und 30 Jahre und arbeitet als Handlungsreisender für Tuchwaren, weniger aus eigenen Interessen, als eher um die „Schuld der Eltern [...] abzuzahlen"[4]. Dementsprechend fühlt er sich in seinem Beruf, der ihn zum ständigen Reisen zwingt, unwohl: „was für einen anstrengenden Beruf habe ich gewählt! Tagaus, tagein auf der Reise."[5] Doch trotz seiner Unzufriedenheit geht er - seiner Familie zuliebe – täglich seinen Pflichten nach. Seine Eltern scheinen dankbar für Gregors Fleiß zu sein und erkennen seinen Verdienst für die Familie an.[6]

Grete unterscheidet sich stark von ihrem Bruder. Sie war, soweit man es den Erinnerungen Gregors entnehmen kann, ein eher verwöhntes und faules Mädchen, das sich schön kleiden durfte und ausschlafen konnte. Gregor „gönnt es seiner erst 17-jährigen Schwester, ihr Leben auf diese Weise zu gestalten"[7]. Er sieht in seiner Schwester ein kleines Mädchen und da sie ihm als Einzige „noch nahe geblieben"[8] ist, möchte er ihr den Wunsch erfüllen, sie aufs Konservatorium zu schicken.[9]

### 2.2 Gregors Verwandlung

Die beiden Geschwister scheinen sich zu Beginn der Erzählung sehr nahe zu stehen. Gregor versucht sich nach seinem ersten Erwachen als Käfer zu erklären, was mit ihm passiert ist, als er von dem Klopfen der Eltern und der Schwester an seiner Tür aus seinen Überlegungen gerissen wird. Die Eltern weisen Gregor daraufhin – die Mutter eher vorsichtig, der Vater „fast bedrohlich"[10] -, dass er doch pünktlich los müsse und endlich aufstehen solle, während Grete an der Tür steht und sich Sorgen zu machen scheint. Sie stellt vorsichtig Fragen („Gregor, ist

---

[4] Kafka 2005, 7
[5] Ebd. 6
[6] Vgl. Ebd. 36
[7] Ebd. 5
[8] Ebd. 36
[9] Vgl. Ebd. 36
[10] Hellberg 2015, 36

dir nicht wohl? Brauchst du etwas?"[11]) und bleibt auch noch, nachdem die Eltern bereits wieder gegangen sind.

Laut Nico Dietrich lässt dies auf ein „innigeres Verhältnis"[12] schließen und auch Wolf Dieter Hellberg betont, dass die Schwester unmittelbar nach Gregors Verwandlung zusammen mit der Mutter den Gegenpol zum Vater darstellt[13]. Grete zeigt sich fürsorglich und somit unterscheidet sich ihr Verhalten zu Beginn sehr deutlich von dem der Eltern[14].

Als der Prokurist erscheint und sich energisch erkundigt, warum Gregor heute nicht zur Arbeit gekommen sei, wird Gregor behutsam von Grete über das Ankommen des Prokuristen informiert. Während dieser sich an den hilflosen Gregor wendet, beginnt die Schwester im Nebenzimmer zu „schluchzen"[15] und wird kurz darauf von der aufgebrachten Mutter losgeschickt, um einen Arzt zu holen. Schließlich gelingt es Gregor, sein Zimmer zu verlassen und es kommt zur ersten Begegnung des verwandelten Gregors mit seinen Eltern und dem Prokuristen. Die Anwesenden reagieren mit Bestürzung, der Prokurist macht Anstalten die Wohnung zu verlassen. Gregor erkennt, dass die Beruhigung des Prokuristen für ihn und seine Familie von absoluter Notwendigkeit ist: „Der Prokurist musste gehalten, beruhigt und schließlich gewonnen werden; die Zukunft Gregors und seiner Familie hing davon ab!"[16]. In diesem Moment wünscht er sich seine Schwester herbei, denn sie hätte „ihm [dem Prokuristen] [...] den Schrecken ausgeredet"[17]. Er muss jedoch erkennen, dass seine geliebte Schwester in diesem Moment nicht da ist, um ihn zu unterstützen. Als Gregor versucht, den Prokuristen aufzuhalten, beginnt der Vater seinen Sohn unter Gewaltanwendung zurückzutreiben. Der verängstigte Gregor bleibt in seiner Zimmertür stecken und kann sich erst nach einem brutalen Stoß des Vaters zurückziehen.

Die Tatsache, dass sich Gregor in seiner aussichtslosen Lage nach seiner Schwester als Verbündete sehnt, belegt, dass Grete zunächst als Gregors engste Vertraute auftritt[18]. Des Weiteren bezeichnet Gregor seine kleine Schwester als „klug"[19], da sie schon um ihn getrauert hatte, als Gregor noch in seinem Zimmer war.[20]

---

[11] Kafka 2005, 9
[12] Dietrich 2008, 6
[13] Vgl. Hellberg 2015, 36
[14] Vgl. Dietrich 2008, 6
[15] Kafka 2005, 15
[16] Ebd. 24
[17] Kafka 2005, 24
[18] Vgl. Dietrich 2008, 6
[19] Kafka 2005, 24
[20] Vgl. Ebd. 15

Im ersten Kapitel lässt sich eine starke Verbindung zwischen den Geschwistern erkennen, die sich in Gretes Sorgen um ihren Bruder und Gregors Wunsch nach seiner Schwester als Unterstützerin äußert. Obwohl diese Verbindung zunächst bestehen bleibt, wird sie im weiteren Verlauf der Erzählung durch die Wandlung Gretes Verhalten beendet werden.

## 2.3 Gretes Wandlung

Als Gregor zum ersten Mal in seiner Käfergestalt sein Zimmer verlässt, ist Grete zurzeit nicht anwesend und so kommt es erst am nächsten Morgen zur ersten Begegnung Gretes mit dem verwandelten Bruder. Als Gregor am Abend unter Schmerzen erwacht, entdeckt er, dass seine Schwester ihm einen Napf mit süßer Milch und Weißbrotschnitten hingestellt hat. Obwohl Milch sonst sein „Lieblingsgetränk"[21] war, wendet er sich von dem Napf ab und beginnt sich an früher zu erinnern, als der Vater der Schwester am Abend vorgelesen hatte. Er ist stolz darauf, seiner Familie einen gesicherten Lebensstandard zu bieten, fragt sich allerdings, wie er dies in seinem jetzigen Zustand weiter gewährleisten soll: „Wie aber, wenn jetzt alle Ruhe, aller Wohlstand, alle Zufriedenheit ein Ende mit Schrecken nehmen sollte?"[22]

Erst am frühen Morgen wagt sich Grete erneut zu Gregor ins Zimmer. Als sie ihn entdeckt, erschrickt sie und zieht sich zurück, nur um dann erneut einzutreten. Sie bemerkt „mit Verwunderung"[23], dass Gregor das Essen verschmäht hat, entfernt angeekelt den Napf und kehrt kurz darauf mit einer Auswahl an verdorrten Essensresten zurück. Gregor bleibt so lange unter dem Kanapee verborgen bis sich Grete entfernt hat und bedient sich dann an den Lebensmitteln. Er versteckt sich aus Scham und Rücksichtnahme – zuvor hat er beschlossen, „dass er sich vorläufig ruhig verhalten und durch […] Rücksichtnahme der Familie die Unannehmlichkeiten erträglich machen müsse".[24]

Die Schwester bringt von da an täglich die Mahlzeiten für ihren Bruder und wird somit zu seiner Versorgerin. Obwohl Grete anscheinend Ekel für den Käfer empfindet, betritt sie als einzige Person regelmäßig das Zimmer. Die Motive für dieses fürsorgliche Verhalten sind nicht eindeutig. Gregor selbst vermutet, dass die Eltern zwar nicht wollen, dass ihr Sohn verhungert,

---

[21] Kafka 2005, 28
[22] Ebd. 29
[23] Ebd. 31
[24] Ebd. 30

seinen Anblick allerdings könnten sie wohl nicht ertragen, sodass Grete die Aufgabe der Fütterung und Reinigung zuteil wird.[25] Gregor „glaubt in den Handlungen seiner Schwester herzliche und rücksichtsvolle Wesenszüge zu erkennen"[26], da sie ihren Eltern die Trauer ersparen möchte. Dietrich führt an, dass Grete so eine „geradezu monopolitische Stellung"[27] in der Familie einnimmt. Gretes Verhalten gegenüber ihrem Bruder kann zwar als „Beleg für eine äußerlich harmonisch wirkende Beziehung"[28] gewertet werden, jedoch lassen sich laut Dietrich auch eigennützige Motive Gretes für ihre Aufopferung erkennen[29]. Um dies zu belegen, nennt er die Notlage, in der sich die Familie seit der Verwandlung Gregors befindet, denn Gregor hat als Alleinverdiener für das Wohl der Familie gesorgt: „Grete steht vor der Verwandlung, wie auch die übrigen Familienmitglieder, in einem großen Abhängigkeitsverhältnis zu Gregor"[30] und bezieht sich dann auf die von Grete nun erkannte Möglichkeit, sich für die Eltern unentbehrlich zu machen. Gregor, der zuvor die meiste Anerkennung der Eltern bekommen hatte, wird nun von Grete abgelöst: „In diesem Fall findet Grete in der Pflege des Bruders eine ideale Gelegenheit um diese Abhängigkeit [gemeint ist die Abhängigkeit der Familie von Gregor] umzukehren"[31].

Gretes Wandlung zeigt sich besonders bei ihrem Vorhaben, Gregors Möbel aus seinem Zimmer zu entfernen. Zuvor erfährt Gregor, dass seine Familie Maßnahmen ergriffen hat, um ihre Existenz zu wahren: Der Vater hat seinen Beruf wieder aufgenommen und Grete beginnt, aktiv im Haushalt mitzuhelfen. Grete erlangt, im Gegensatz zu früher, erheblichen Einfluss[32] und Achtung durch ihre neuen Tätigkeiten: „er hörte öfter, wie sie die jetzige Arbeit der Schwester völlig anerkannten, während sie sich bisher häufig über die Schwester geärgert hatten."[33]

Dadurch gelingt es Grete, die Ausräumung von Gregors Zimmers zu planen und durchzuführen. Gregor, der sich schon länger nach einer Begegnung mit seiner, ihn ebenfalls vermissenden, Mutter sehnt, versteckt sich aus Sorge um ihre Reaktion und lauscht gespannt, als sie und Grete das Zimmer betreten: „Gregor unterließ auch diesmal, unter dem Leinentuch zu spionieren; er verzichtete darauf, die Mutter schon diesmal zu sehen und war nur froh, dass sie nun gekommen

[25] Kafka 2005, 33
[26] Hellberg 2015, 38
[27] Dietrich 2008, 7
[28] Ebd. 7
[29] Ebd. 7
[30] Ebd. 8
[31] Ebd. 8
[32] Hellberg 2015, 38
[33] Kafka 2005, 41

war."[34] Unter Anleitung der Schwester beginnen die Frauen die Möbel zu entfernen. Die Mutter äußert Bedenken, denn sie scheint als Einzige an eine Besserung von Gregors Zustand zu glauben: „und ist es nicht so, als ob wir durch die Entfernung der Möbel zeigten, dass wir jede Hoffnung auf Besserung aufgeben […]?"[35] Diese Bedenken bringen Grete jedoch nicht von ihrem Vorhaben ab. Dietrich ist der Ansicht, dass es Grete durch das absolute Ablehnen der Einwände der Mutter nur um die zunehmende Entfremdung ihres Bruders zu gehen scheint.[36] Grete will die Möbel entfernen, einerseits, um die Lage Gregors zu verschärfen und sich selbst so noch unentbehrlicher zu machen, andererseits, um eine weitere Entfernung Gregors von seinem früheren menschlichen Dasein zu erreichen: „Denn in einem Raum, in dem Gregor ganz allein die leeren Wände beherrschte, würde wohl kein Mensch außer Grete jemals einzutreten sich zu trauen."[37]

Als die Frauen schließlich Gregors Möbel herausräumen, kann Gregor nicht mehr tatenlos zusehen und kommt aus seinem Versteck hervor. Grund für sein Hervortreten ist ein plötzlicher Sinneswandel: Noch zuvor war er der Meinung, dass das Leerräumen nur Vorteile mit sich bringen würde, die ihm nun aber, im Angesicht der Tatsache, dass seine geliebten Besitztümer entfernt werden, als vollkommen abwegig erscheinen: „[…] denn anders konnte er sich nicht erklären, dass er ernsthaft danach hatte verlangen können, dass sein Zimmer ausgeleert wurde."[38]

Mutter und Schwester „nehmen ihm alles, was ihm lieb war"[39]. Er fühlt sich beraubt und deshalb bricht er unter dem Kanapee hervor, kriecht eilig die Wand hoch und krabbelt auf das einzige Bild in seinem Zimmer, welches für ihn von emotionalem Wert zu sein scheint. In dieser Situation zeigt sich Grete so, wie sie der Leser zuvor noch nie erlebt hat und auch der aufgebrachte Gregor sieht in Gretes Handlungen erstmalig böse Absichten:

> „Die Absicht Gretes war für Gregor klar, sie wollte […] ihn von der Wand hinunterjagen. Nun, sie konnte es ja immerhin versuchen! Er saß auf seinem Bild und gab es nicht her. Lieber würde er Grete ins Gesicht springen."[40]

---

[34] Kafka 2005, 43
[35] Ebd. 44
[36] Vgl. Dietrich 2008, 9
[37] Kafka 2005, 45
[38] Ebd. 44
[39] Kafka 2005, 46
[40] Ebd. 47

Grete reagiert feindselig. Sie droht ihm und „signalisiert ihre Kraft, ihren Mut und ihr neuge-wonnenes Selbstbewusstsein"[41]. Beim Anblick Gregors fällt die Mutter in Ohnmacht, worauf-hin Grete los eilt, um ein Medikament für sie zu holen. Gregor folgt ihr, wird jedoch von seiner Schwester kurz darauf im Wohnzimmer weggesperrt. Später berichtet Grete dem heimkehren-den Vater von den Ereignissen. Dieser geht von der Schuld Gregors aus und attackiert ihn er-neut, sodass sein Sohn schwer verletzt zurück bleibt.

Im zweiten Kapitel kommt es zur entscheidenden Wendung in der Beziehung der Geschwister. Dietrich sieht in der Möbelentfernung und den darauf folgenden Geschehnissen die „fortschrei-tende Entfremdung der Beziehung zwischen den Geschwistern"[42]. Die Verbesserung von Gre-gors Lebensumständen als Grund für die Möbelentfernung sei lediglich ein Vorwand und so bekommt Grete die Gelegenheit, sich ihre neu gewonnene Position zu Nutze zu machen: „Es gelingt ihr […] die Eltern in ein neues Abhängigkeitsverhältnis zu führen und somit erstmals selbst eine Machtstellung in der Familie auszuüben."[43]

Grete wendet sich erstmals von ihrem Bruder ab und beginnt, den skrupellosen Vater zu unter-stützen. Als er nach Hause kommt, berichtet sie ihm sofort, was passiert ist. Dabei versucht sie nicht, Gregor in Schutz zu nehmen und es zeigen sich erste Anzeichen dafür, dass sie sich zu ihrem Vater hinwendet, um bei ihm Trost zu suchen: „Grete antwortete mit dumpfer Stimme, offenbar drückte sie ihr Gesicht an des Vaters Brust: „»[…] Gregor ist ausgebrochen!«"[44]

### 2.4 Gretes Abwendung, das Urteil und Gregors Tod

Die Entfremdung der Geschwister Samsa erreicht im dritten und letzten Teil der Erzählung ihren Höhepunkt. Schließlich ist es Grete, die sich dafür ausspricht, dass das Insekt verschwin-den muss.

Der zunehmend schwächer werdende Gregor verwahrlost nach dem zweiten Angriff des Vaters in seinem Zimmer. Die Schwester hat inzwischen eine Stelle als Verkäuferin angenommen und bildet sich weiter, „um vielleicht später einmal einen besseren Posten zu erreichen."[45] Sie über-nimmt zwar weiterhin die Versorgung Gregors, tut dies aber eher lieblos und möglichst so, dass sie wenig Kontakt zu ihrem verwandelten Bruder haben muss:

---

[41] Hellberg 2015, 39
[42] Dietrich 2008, 9
[43] Ebd. 9
[44] Kafka 2005, 49
[45] Ebd. 54

9

„Ohne jetzt mehr nachzudenken, womit man Gregor einen besonderen Gefallen machen könnte, schob die Schwester eiligst [...] mit dem Fuß irgendeine beliebige Speise in Gregors Zimmer hinein [...]. Das Aufräumen des Zimmers, da sie nun immer abends besorgte, konnte gar nicht mehr schneller getan sein."[46]

Mit der Annahme einer Arbeitsstelle und der Weiterbildung nimmt Grete zunehmend Gregors frühere Position in der Familie ein. Sie scheint sich nicht mehr aufrichtig für das Leid ihres Bruders zu interessieren und erkennt, dass ihr durch das Lernen von Stenographie und Französisch neue Türen offenstehen werden.[47] Dietrich führt an, dass dieser Handlungsaspekt auf eine „reziproke Wandlung" hinweist: „Gregor verliert seine Fähigkeiten allmählich und seine Schwester gewinnt neue hinzu."[48]

Zur letzten Begegnung der Geschwister kommt es bei Gregors drittem Ausbruch, als Grete für die neuen Untermieter Violine spielt. Als Gregor die Musik aus dem Wohnzimmer wahrnimmt, fühlt er sich auf wundersame Weise von der Musik angezogen: „War er ein Tier, da ihn Musik so ergriff?"[49] Gregor scheint im Laufe seines Daseins als Käfer einen stetig wachsenden Teil seiner Menschlichkeit eingebüßt zu haben, denn „es scheint, als sprächen hier eher animalische Triebe statt menschliche Gefühle aus dem Ungeziefer"[50]. Er vergisst seine Wut auf Grete und stellt sich vor, die Schwester in sein Zimmer zu entführen:

„[...] sie sollte neben ihm auf dem Kanapee sitzen, das Ohr zu ihm hinunterneigen, und er wollte ihr dann anvertrauen, dass er die feste Absicht gehabt habe, sie auf das Konservatorium zu schicken [...]"[51].

Gregor steigert sich in inzestuöse Wunschvorstellungen, in denen er „[...] sich bis zu ihren Achseln erheben [...]" und die zu Tränen gerührte Schwester am Hals küssen würde.[52] Hier zeigt sich die Sehnsucht nach menschlicher Nähe, die Gregor durch seine Isolation erleiden muss. Hellberg spricht an dieser Stelle von einem „ödipalen Konflikt"[53] und auch Dietrich zitiert die Interpretation Holger Rudloffs, der von „inzestuösen Träumen des Ungeziefers"[54] ausgeht.

---

[46] Kafka 2005, 55
[47] Vgl. Dietrich 2008, 10
[48] Ebd. 10
[49] Kafka 2005, 64
[50] Dietrich 2008, 11
[51] Kafka 2005 65
[52] Ebd. 65
[53] Hellberg 2015, 62
[54] Dietrich 2008, 10

Grete jedoch erwidert diese Gefühle zu keinem Zeitpunkt in der Erzählung. Gregors Empfindungen für seine kleine Schwester scheinen sich im Laufe der Handlung zu intensivieren, während sich Grete immer weiter von dem Bruder entfernt, was Dietrich in seiner Arbeit gleichermaßen beschreibt: „Eine komplementäre Verhaltenssituation kann bei Grete dagegen weder vor noch nach der Verwandlung festgestellt werden […]. Allerdings verstärken sich die Gefühle Gregors mit fortschreitender Handlung während Grete immer weniger für ihren Bruder empfindet."[55]

Gregor krabbelt, im Tagtraum verloren, in Richtung Wohnzimmer, wo er schlagartig durch den entsetzten Aufschrei eines der Untermieter zurück in die Realität geholt wird. An dieser Stelle nimmt das Verhältnis zu Grete eine entscheidende Wendung: Gregor verharrt, unfähig sich zu rühren, bis Grete schließlich das Wort ergreift, um ihr Urteil über den verwandelten Bruder zu verkünden: „Ich will vor diesem Untier nicht den Namen meines Bruders aussprechen und sage daher bloß: Wir müssen versuchen, es loszuwerden."[56] Grete sieht in dem Käfer nun nicht mehr ihren Bruder und glaubt nicht mehr an eine Besserung seines Zustands, was an der Bezeichnung „Es" für Gregor festzumachen ist. Man könne „zu diesem Zeitpunkt gar nicht mehr von einer Geschwisterbeziehung sprechen, da Gregor und das Ungeziefer für Grete zwei verschiedene Wesen darstellen […]"[57].

Grete wendet sich daraufhin explizit an ihren Vater, der der gleichen Ansicht zu sein scheint, und betont, dass die Familie das Ungeziefer loswerden müsse, weil es eine unzumutbare Belastung darstelle. Die Eltern sind ratlos und der Vater hofft auf ein „Übereinkommen"[58], mit dem er vermutlich das freiwillige Fortgehen Gregors meint, doch Grete ist sich ihrer Entscheidung sicher: „»Weg muss es«, rief die Schwester, „[…] Wenn es Gregor wäre, er hätte längst eingesehen, dass ein Zusammenleben von Menschen mit einem solchen Tier nicht möglich ist […]"[59]. Gregor folgt dem Geschehen stumm und zieht sich dann in sein Zimmer zurück. Die Schwester schlägt die Tür hinter ihm zu und sperrt ihn ein in „seinem unentrinnbaren Gefängnis"[60], in dem er schließlich stirbt. Kurz vor seinem Tod denkt Gregor „mit Rührung und Liebe"[61] an seine Familie zurück und beschließt selbst, dass es besser wäre, wenn er verschwinden würde. Am nächsten Morgen wird er von einer Bediensteten tot aufgefunden.

[55] Dietrich 2008, 11
[56] Kafka 2005, 67
[57] Dietrich 2008, 11
[58] Ebd. 68
[59] Kafka 2005 68
[60] Hellberg 2015, 40
[61] Kafka 2005, 71

Gregor scheint nicht wahrhaben zu können, dass seine Eltern und seine Schwester sich gegen ihn gewandt haben. Selbst kurz vor seinem Ableben denkt er noch immer nicht schlecht von ihnen. Letztendlich kommt er sogar zum Schluss, dass die Entscheidung, ihn einzusperren und damit praktisch hinzurichten, die richtige war – somit entschuldigt er schließlich die Vernachlässigung seiner Familie und erhält sich so die Illusion des harmonischen Familienlebens.

Grete, die nach der Verwandlung zu Gregors einziger Vertrauten und Pflegerin geworden ist, ist nun diejenige, die sich schließlich für das sofortige Verschwinden des Käfers ausspricht. Sie nimmt im Angesicht der neuen Lebensumstände Gregors Platz in der Familie ein. Hartmut Binder spricht von einem Rollentausch: „[…] Grete habe ihren Bruder im Familienverband ersetzt, während er in gewisser Beziehung ihren bisherigen Platz einzunehmen hatte."[62]

Grete hat erreicht, dass die Eltern sie nun vollkommen anerkennen und sie mehr schätzen, als sie es früher getan haben. Die Familie scheint erleichtert über das Dahinscheiden des Sohnes und verlässt die Wohnung, um mit dem Zug einen Ausflug zu machen. Es herrscht eine optimistische, gar heitere Stimmung. Die Eltern stellen mit Stolz fest, zu welch einer schönen und erwachsenen Frau ihre Tochter doch inzwischen herangewachsen ist. Dietrich zieht hier sein Fazit und sagt, das aus dem Kind, dass den Eltern oft Sorgen bereitete, eine verlässliche Frau geworden ist, während dem stets treuen, kürzlich verstorbenen Sohn kaum Beachtung geschenkt wird.[63]

Abschließend lässt sich sagen, dass die Beziehung zwischen den Geschwistern Samsa differenziert betrachtet werden muss:

> „Einerseits besteht eine enge Bindung, die nach der Verwandlung eine ehrliche Fürsorge erkennen lässt. Andererseits rächt sich Grete für die äußere Abhängigkeit von ihrem Bruder und glaubt schon früh nicht mehr an eine Besserung der Zustände.[64]

# 3. Biographische Vergleiche von Gregor und Grete mit Franz und Ottla

## 3.1 Franz Kafka und seine Lieblingsschwester

Betrachtet man das Verhältnis zwischen Gregor und Grete genauer, lassen sich Parallelen zu der Beziehung zwischen Franz Kafka und seiner jüngsten Schwester Ottla Kafka erkennen.

---

[62] Binder 2004, 472 in Dietrich 2008, 8
[63] Vgl. Dietrich 2008, 13
[64] Ebd. 15

Franz Kafka wurde am 3. Juli 1883 als erstes Kind Hermann Kafkas und Julie Kafkas (geb. Löwy) in Prag geboren. Nach der Geburt seiner Schwestern Elli und Valli folgte am 29. Oktober 1892 das jüngste Mädchen Ottla.[65]

Franz Kafkas Kindheit und auch sein späteres Leben waren geprägt von dem Konflikt mit seinem Vater, der ihn unterdrückte, kontrollierte und schikanierte. Dies hatte zur Folge, dass Kafka sein Leben selbst als von „Furcht und Einsamkeit"[66] bestimmt beschrieb und sich „bis zu seinem Tod entschieden und kompromisslos als missratenen Sohn vor dem verurteilenden Vater"[67] definierte. Die einzige Unterstützung innerhalb der Familie bekam Franz Kafka von seiner neun Jahre jüngeren Schwester Ottla: „Als einzige im Kreis der Familie wagte sie es, Hermann Kafka zu wiedersprechen und seine Selbstherrlichkeit zu kritisieren."[68]

Kafka selbst schildert in seinem „Brief an den Vater" die Konflikte, die immer wieder zwischen Ottla und ihrem Vater auftraten. Hermann Kafka habe für Ottla stets nur Hass übrig gehabt – Kafka spricht von einer Entfremdung zwischen Vater und Tochter, die noch größer war als die zwischen Vater und Sohn.[69] Kafka bewunderte Ottla, da sie – im Gegensatz zu Franz – die Kraft und den Mut hatte, sich gegen den Vater zu behaupten: „Zwischen uns war es kein eigentlicher Kampf; ich war bald erledigt […]. Ihr zwei aber waret immer in Kampfstellung, immer frisch, immer bei Kräften."[70]. Die Abwendung vom Vater schien Bruder und Schwester miteinander zu verbinden und es entstand eine besonders vertraute Beziehung[71] zwischen ihnen. 1918 schreibt Franz an Ottla: „...und tatsächlich leben wir ja auch oder lebe ich mit Dir besser als mit irgendjemandem sonst […]."[72]

### 3.2 Die Geschwister Samsa und Kafka – ein Vergleich

Nach der Betrachtung der vertrauten Beziehung zwischen Franz und Ottla Kafka stellt sich allerdings die Frage, wieso sich diese Beziehung auf die zwischen Grete und Gregor in „Die Verwandlung" übertragen lassen sollte. Grete wendet sich im Laufe der Handlung immer weiter von ihrem Bruder ab, bis schließlich von einer absoluten Entfremdung gesprochen werden kann.

---

[65] Alt 2008, 55
[66] Ebd. 57
[67] v. Matt 1995, 288 in Hellberg 2015, 50
[68] Alt 2008, 57
[69] Vgl. Kafka 2008, 40
[70] Ebd. 41
[71] Vgl. Hellberg 2015, 40
[72] http://www.odaha.com/sites/default/files/BriefeAnOttlaUndDieFamilie.pdf (15.02.2015), 1918, Brief Nr. 56

Diese Abwendung musste kurzzeitig auch Franz Kafka bei seiner geliebten Schwester feststellen. Im Oktober 1912, und damit im gleichen Jahr, in dem auch „Die Verwandlung" entstanden ist, schloss sich Ottla plötzlich den Klagen der Familie über Franz an.[73] Kafka vernachlässigte seine Verpflichtungen als Mitinhaber einer Asbestfabrik, für deren Kauf er Geld von seinem Vater geliehen hatte. Seine Lieblingsschwester, die immer zu ihm gehalten hatte, forderte ihn auf, sich mehr um das Familienunternehmen zu kümmern, was einem Verrat gleich kam.[74]

Es liegt nahe, dass die Figur Gretes von Kafkas schmerzlicher Erfahrung kurz vor der Niederschrift von „Die Verwandlung" geprägt wurde. Stach bestätigt diese Interpretation in seiner Biographie über Kafka: „Ihre Abkehr bedeutete endgültige Ausstoßung, ein neuerliches „Urteil", dessen verheerende Wirkung sich wenige Wochen später zum geschwisterlichen Bannfluch der Verwandlung verdichten sollte."[75]

Franz Kafka sah in Ottla immer „die letzte ihm verbliebene Verbindung zur Familie."[76] Ähnlich verhält es sich mit Grete und Gregor in „Die Verwandlung". Nachdem Gregor in seiner Käfergestalt erwacht, kreisen seine Gedanken oft um seine Schwester und es wird im Laufe der Handlung immer wieder deutlich, dass es Gregors Wunsch war, ihr ein glückliches Leben zu ermöglichen. Gregor scheint, genauso wie Franz Kafka, zu seinen Eltern keine besonders intensive Bindung zu haben, wogegen er die Beziehung zu seiner Schwester stets als eine engere empfindet: „[…] eine besondere Wärme wollte sich nicht mehr ergeben. Nur die Schwester war Gregor doch noch nahe geblieben."[77].

Grete jedoch sucht im Laufe der Handlung Schutz bei ihrem Vater, genauso wie Ottla, die sich mit ihren Klagen über den Bruder erstmals Hermann Kafka zuwandte. Franz Kafka schrieb 1917 an Ottla, sie wolle ihn noch „verkommen lassen"[78] und genau das macht Grete in der Erzählung: „»Wir müssen es loszuwerden suchen«"[79]. Grete lehnt Gregor schließlich vollkommen ab und betrachtet ihn nicht mehr als ein Mitglied der Familie, sondern nur noch als einen unerwünschten Parasiten. Vielleicht fühlte Kafka sich ähnlich abgewiesen und verletzt, als Ottla sich gegen ihn stellte – dies schien ihn an seinem „empfindlichsten Punkt"[80] zu treffen.

---

[73] Hellberg 2015, 41
[74] Fingerhut 1996, 58 in Hellberg 2015, 87
[75] Stach 2002, 132 in Hellberg 2015, 41
[76] Ebd. 132
[77] Kafka 2005, 36
[78] http://www.odaha.com/sites/default/files/BriefeAnOttlaUndDieFamilie.pdf (15.02.2015), 1917, Brief Nr. 39
[79] Kafka 2005, 68
[80] Stach 2002, 132 in Hellberg 2015, 41

Im Gegensatz zu Grete und Gregor, die sich völlig voneinander entfremden, suchte Franz Kafka mit dem Voranschreiten seiner Krankheit allerdings wieder des Öfteren Zuflucht bei seiner jüngsten Schwester in Prag, um bei ihr ungestört zu arbeiten und zu wohnen. [81]

Franz Kafka verstarb 1924 im Alter von 40 Jahren an Herzversagen als Folge seiner langjährigen Tuberkulose-Erkrankung.[82] Ottilie Kafka wurde 1943 im Konzentrationslager Auschwitz-Birkenau ermordet.[83]

# 4. Schlussbemerkung

Die Beziehung zwischen Grete und Gregor Samsa kann als außergewöhnlich und vielschichtig bezeichnet werden - sie auf einer Ebene zu betrachten, reicht nicht aus. Das Verhältnis zwischen den Geschwistern verändert sich im Laufe der Erzählung und entwickelt sich schließlich in eine ganz andere Richtung, als man es als Leser vielleicht erwartet haben könnte. Und gerade das stellt die Beziehung vor anderen heraus und lässt Grete zu einer Schlüsselfigur der „Verwandlung" werden.

Beim Vergleich der Geschwister Samsa mit dem Autor der Erzählung Franz Kafka und seiner Schwester Ottla fällt auf, dass zwar Parallelen bestehen, die Figur Grete jedoch nur von einem kurzzeitigen Eindruck Kafkas von seiner Schwester geprägt worden sein kann. Er erlebte zwar im Jahr 1912 eine Abwendung Ottlas, aber nach diesem Ereignis stellte sie wohl wieder seine wichtigste Bezugsperson dar. Es bestehen auch im Hinblick auf andere Figuren und Beziehungen in „Die Verwandlung" biographische Ähnlichkeiten, dennoch sollte an dieser Stelle erwähnt werden, dass Kafka keinesfalls „ein literarisches Abbild seiner eigenen Konflikte vorgelegt hat"[84].

Um die Beziehung noch genauer beleuchten zu können, müssten die beiden Geschwister und ganz besonders Gregor als Individuen betrachtet werden. Über Gregors Charakter und seine Haltung gegenüber den einzelnen Familienmitgliedern könnte und sollte deutlich mehr herausgearbeitet und dargestellt werden, was allerdings den Rahmen dieser Facharbeit sprengen und zu stark vom eigentlichen Thema abweichen würde. Und trotz einer noch gründlicheren Analyse würden einige Fragen weiterhin ungeklärt bleiben, wie zum Beispiel aus welchem Grund

---

[81] Hellberg 2015, 41
[82] http://www.franzkafka.de/franzkafka/das_leben/ (15.02.2015)
[83] http://www.franzkafka.de/franzkafka/die_familie/ottla_kafka/457349 (15.02.2015)
[84] Hellberg, 2015, 87

Grete sich plötzlich von ihrem Bruder abwendet, ihn verrät und schlussendlich einsam sterben lässt.

# 5. Quellenverzeichnis

**Primärliteratur**

Kafka, Franz. 2005. *Die Verwandlung*. Köln: Anaconda Verlag GmbH

Kafka, Franz. 2008. *Brief an den Vater*. Köln: Anaconda Verlag GmbH

**Sekundärliteratur**

Alt, Peter-André. $^2$2008 [$^1$2005]. *Franz Kafka. Der ewige Sohn. Eine Biographie*. München: C.H. Beck oHG (in Hellberg)

Binder, Hartmut. 2004. *Kafkas „Verwandlung". Entstehung, Deutung, Wirkung*. Frankfurt am Main: Stroemfeld (in Hellberg)

Dietrich, Nico. 2008. *Die Beziehung der Geschwister Gregor und Grete in Franz Kafkas „Die Verwandlung"*. Norderstedt: GRIN Verlag GmbH

Fingerhut, Karlheinz. $^2$2003. *Die Verwandlung*. In: *Interpretationen. Franz Kafka. Romane und Erzählungen*. Stuttgart: Reclam (in Dietrich)

Fingerhut, Karlheinz. 1996. *Kafka für die Schule*. Berlin: Volk und Wissen Verlag (in Hellberg)

Hellberg, Wolf Dieter. $^4$2015 [$^1$2012]. *Lektürehilfen. Franz Kafka. Die Verwandlung*. Stuttgart: Klett Lerntraining GmbH

Holger, Rudloff. 1997. *Gregor und seine Brüder. Kafka – Sacher-Masoch – Thomas Mann*. Würzburg: Königshausen und Neumann (in Dietrich)

Matt, Peter von. 1997. *Verkommene Söhne, mißratene Töchter*. München: Deutscher Taschenbuch Verlag (in Hellberg)

Stach, Reiner. 2008. *Kafka. Die Jahre der Entscheidung*. Frankfurt am Main: Fischer Verlag

**Internetquellen**

http://www.odaha.com (16.02.2015). Kafka, Franz. 1911-1924. *„Briefe an Ottla und die Familie"*
    http://www.odaha.com/sites/default/files/BriefeAnOttlaUndDieFamilie.pdf

http://de.wikiquote.org (15.02.2015). *„Franz Kafka"*
    http://de.wikiquote.org/wiki/Franz_Kafka

http://www.franzkafka.de (15.02.2015). Stach, Reiner. *„Franz Kafka. Das Leben."*
    http://www.franzkafka.de/franzkafka/das_leben/

http://www.franzkafka.de (15.02.2015). Stach, Reiner. *„Franz Kafka. Die Familie."*
    http://www.franzkafka.de/franzkafka/die_familie/457289